u u u

i i i

u u u u

i i i i i

W0201371

u

u u

i i

i i

n n n
m m m

n n n n n
m m m m

n n
n n
m m
m m

i m

im

i m

im

i n

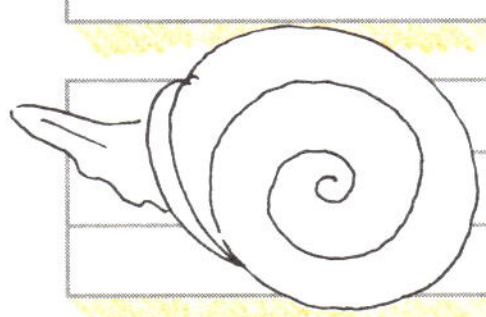
in

u m

um

n u n

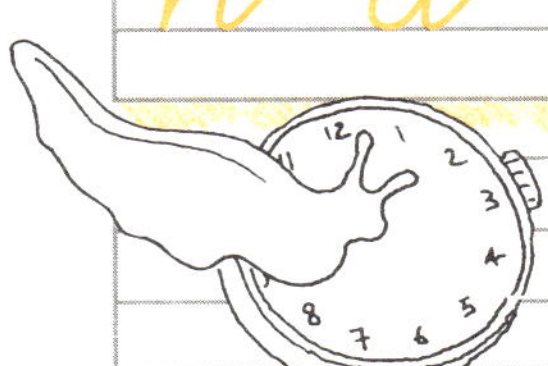
nun

im

e e e

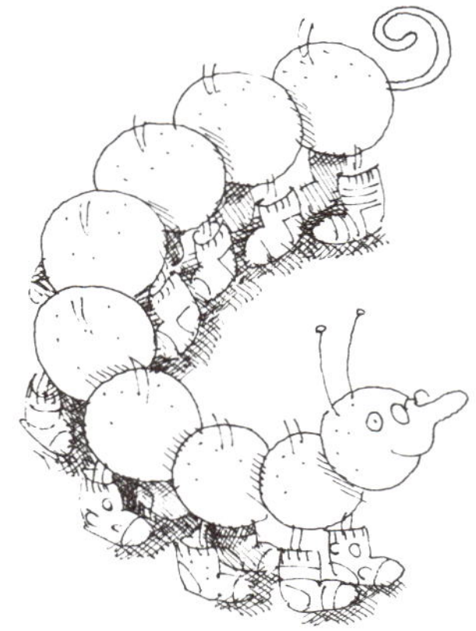

1 2 3

o o o o

e e

ei

ee

o o o

e e

e i

ei

e e

ee

eu

E E: Ɛ

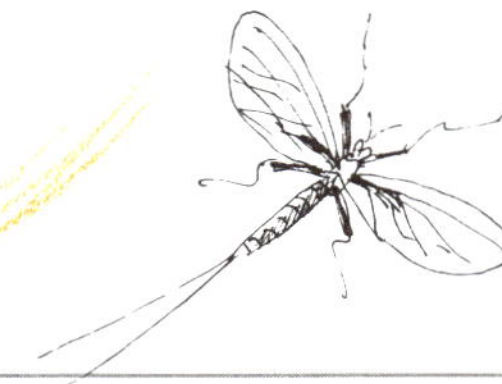

Ɛ Ɛ Ɛ
Ɛ Ɛ Ɛ

Ɛ Ɛ

Ei

ein

ein Ei

ein e

eine

nein

ein oder eine ?

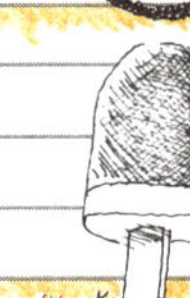

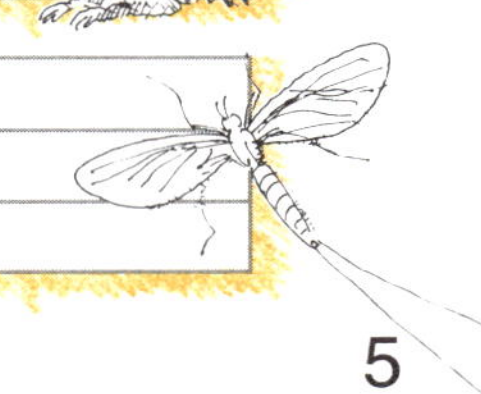

a a a
d d d

am – um

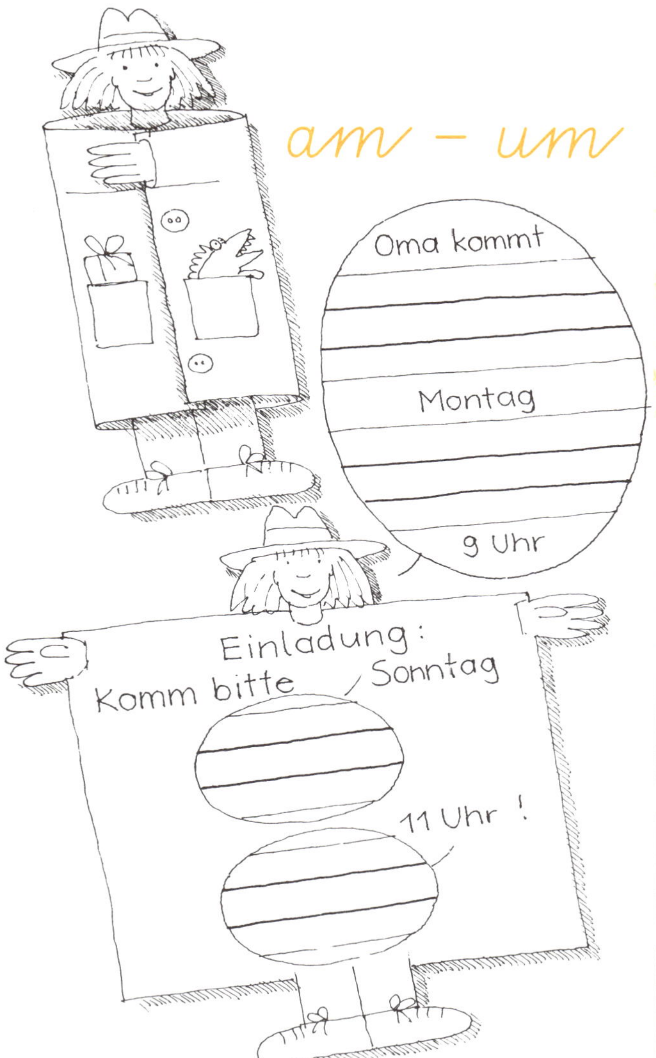

a a a a a a
d d d d d

a a
am
d d
die

da  da 

d a

da

dann

un d

und

En de

Ende

Es war einmal …

 und 

Ende

E

K K K
R R R

K K K K K
R R R R R

K K

Kim

Kind

R R

Rind

Rinde

Rad

K oder R ?

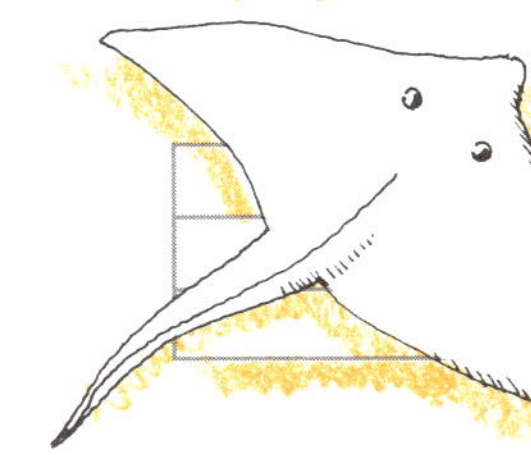

S s s

stopp stopp stopp

s s s
s s s
ss ss

s

sind

sie

summen

summen: ssssssssssssssssssum.

n n
s s
d d
m m
e e
a a

Eis

Reis

Kai

Käse

es

essen

Resa

Schreibe in dein Heft:

Resa und Kai
essen 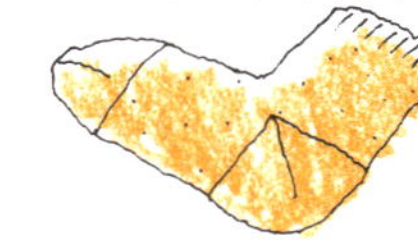 .

Kim und Resa
essen 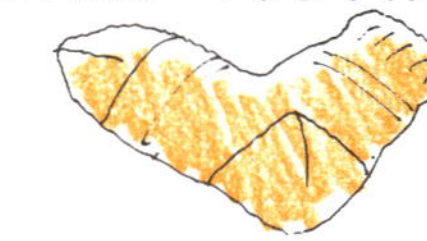 .

Kai und Kim
essen  .

t t t

st

t t t t

st st st

ist ein oder ist eine ?

t t

tut

mit

st

ist

Kiste

Das  .

Das 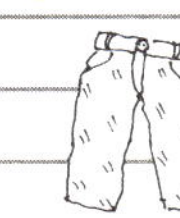 .

Das 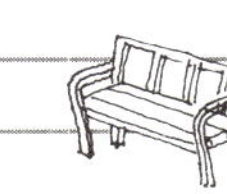 .

Das  .

Das .

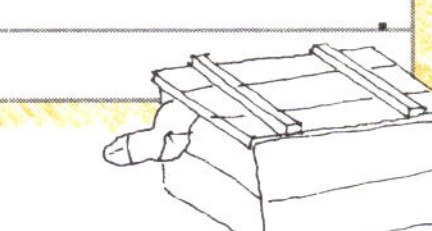

Und was ist in der Kiste?

M M M
U U U

M M M U U U

M M

Mama

Maus

U U

Usa

Unsinn

Schreibe in dein Heft:

Usa: Mama, da ist
eine Maus.
Mama: Unsinn, Usa,
das ist eine Meise.

r r r
o o o

r r r r r r o o o o

r r

rund

der

o o

rot

Schreibe in dein Heft:

der runde 

das runde 

der rote 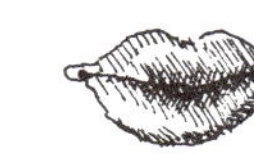

die rote 

Mund

Mond

Rad

Rose

v v v
w w w

v or an

v v v v v v v
w w w w w w

v v

vor

voran

w wo

wer was

Eva

Uwe

Wer steht vor wem?

Eva ist vor Kevin.

Schreibe in dein Heft:

Kim und Maria

sind im .

Kevin und Uwe

sind in der .

S S
T T
V V
W W

See

Stein Tim

Einige Großbuchstaben berühren die Kleinbuchstaben nicht, sie stehen dicht daneben.

V V V
W W

See

Stein

Tier

Tür

Vater

Wiese

Wurst

O O
D D
B B
P P

O O O O D D D D
B B B B P P P P

Oma

Do Dose

Dino

Baum

Bett

Pau Pause

Post

Schreibe in dein Heft:

Tine ist
Pedro ist
Oma ist
Tim ist

l l l
b b b

l l l stopp stopp stopp

l l l l l l l b b b b b b

l l

laut

leise

b b

bin

bist

Setze ein:

laut oder leise

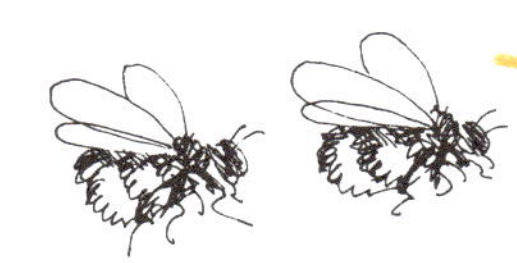

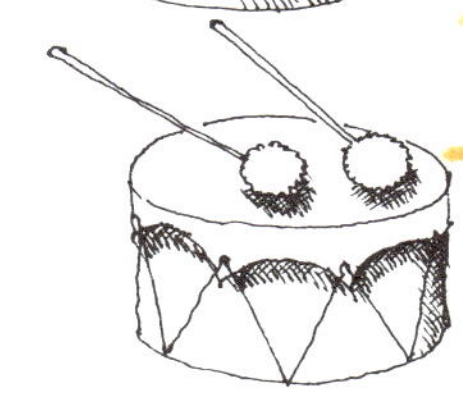

al alt

In einem Zug nach oben!

all

malen

malt

Ball

Bälle

bunt

blau

braun

Schreibe in dein Heft:

Bunte Bälle

Tina malt einen Ball rot an.

Tim malt alle Bälle blau an.

Sara …

Otto …

h h h
ch ch ch

h h h
ch ch

h hol

holen

sch

schrei

schreiben

Sch

Schule

Schreibe in dein Heft:

Tim und Tina sind
in der Schule.
Sie holen sich Steine
und malen sie an.
Dann schreiben sie.
Tim schreibt:
Steinhase.
Tina schreibt:
Steinmaus.

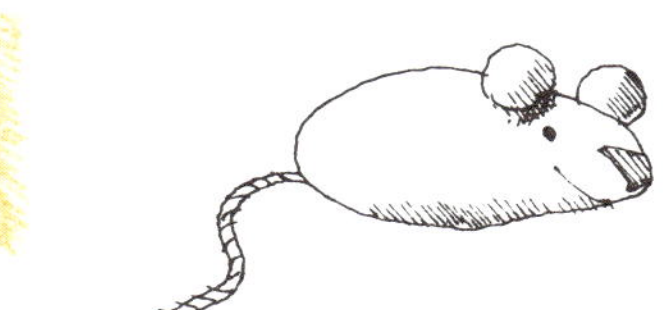

k k k

k k k

k k k

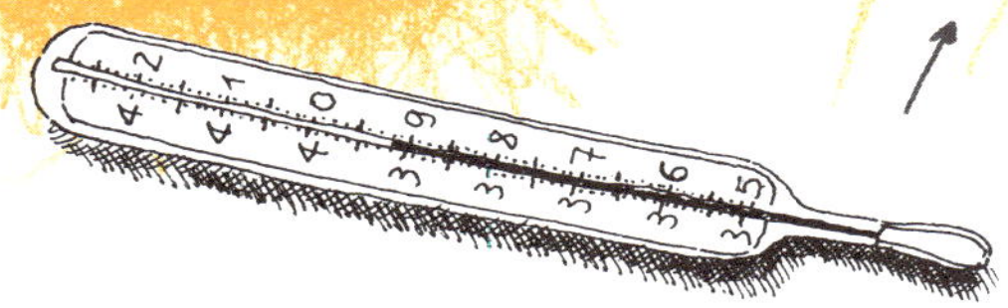

k k

krank

komm

kommen

kommt

Mirko

Doktor

Schreibe in dein Heft:

Mirko ist krank.
Er muss im Bett
bleiben.
Der Doktor kommt.
Tim und Tina
kommen auch.
Sie besuchen Mirko.

ck ck ck

ck

ck ck
ck ck
ck ck

ck

Stück

Schnecke

schmecken

schmeckt

locken

dick

Schreibe in dein Heft:

Wir hatten Schnecken
in der Klasse.
Beim Schneckenrennen
lockten wir sie
mit Salat, Kuchen
und einem Stück Käse.
Salat schmeckte
den Schnecken
am besten.

A A A
F F F
H H H

A A A A
F F F
H H H

A A
Au
Auto
F F
Fenster
H H
Hund

Schreibe in dein Heft:

Mama und Fabian
sind im .
Hanna rennt mit
ihrem
hinter dem her.
Hannas ist schneller
als Hanna.
Aber am schnellsten
ist das .

I J
N N

N N

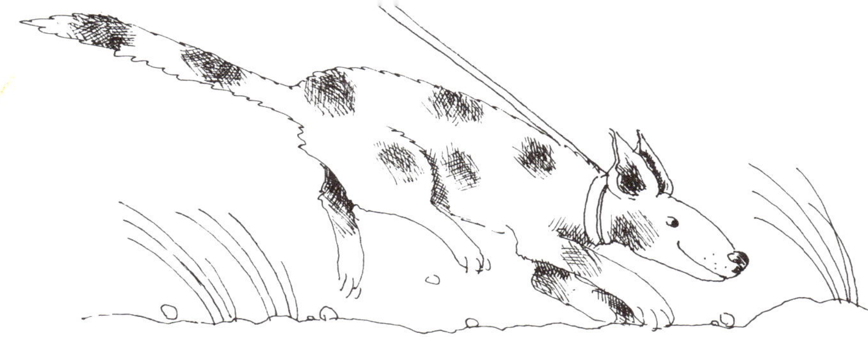

J J J J J J
N N N N N N

Insel

N N

Name

Nase

Nest

Schreibe in dein Heft:

Neros Insel-Abenteuer
Ina ist mit Nero
am Strand.
Nero hat die Nase
am Boden.
Er riecht etwas.
Es ist ein Nest
mit Küken.

f f f

elf

f f f
f f f

Schreibe in dein Heft:

f f

fressen

fünf

elf

laufen

schlafen

Elf kleine Hamster
Nele beobachtet
ihre Hamster:
Einer läuft im Rad,
drei fressen,
einer fällt ins Futter,
fünf schlafen –
und ein Hamster
fehlt.
Wo kann er sein?

p p p

p pf

p p p p

pf pf pf

p p

Puppe

Pf

Pferd

pf

Kopf

Schreibe in dein Heft:

Anna will von Opa
wissen, wie Papa
als Kind war.
Opa lacht:
„Dein Papa hatte
nur Pferde im Kopf.
So wie du."

g g g
C C C
G G G

g g g
C G G

C Clown

G G

Glas

Gesicht

g g

grün

gelb

Schreibe in dein Heft:

Clown Pedro schminkt
sich das Gesicht.
Er malt
den Mund an,
die Augen ,
die Wangen und
die Nase .
So gefällt er sich gut.

j j j
J J J

j j j
J J J

j ja

jung

J J

Jahr

Juni

Juli

Junge

Schreibe in dein Heft:

Dieses Jahr bekommt
unser Hund Junge.
Die jungen Hunde
nennt man Welpen.
Ich muss noch
lange warten.
Die Welpen werden
erst im Juni oder
Juli geboren.

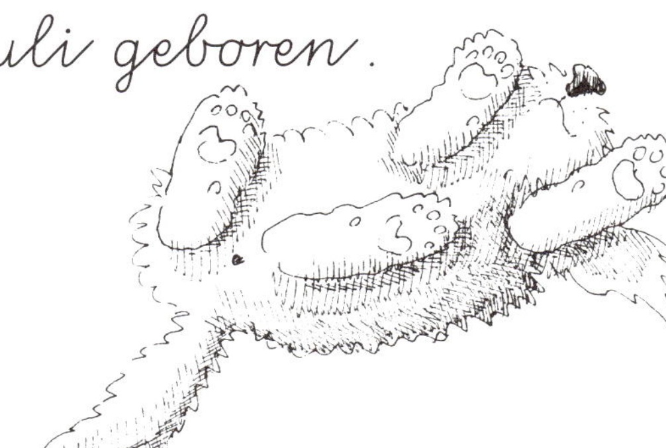

z z z

Z Z Z

Tz Tz

z z

zu

schwarz

tz

itz Witz

atz Katze

etz jetzt

Schreibe in dein Heft:

Kannst du reimen?

Fritz macht einen .

Bären kratzen

mit den .

Wovor sollen

Mützen ?

Können Pflanzen ?

L L L
Z Z Z

Z Z Z
L L L

Z Z
Zeit
Zelt
Zirkus
L L
Löwe
Leute

Schreibe in dein Heft:

Lutz und Lena
gehen in den Zirkus.
Das Zelt ist voll
besetzt.
Als der Clown
einen Witz macht,
klatschen die Leute
ganz laut.
Aber der Löwe brüllt
lauter als
alle Leute zusammen
klatschen können.

ß ß ß

ß

ß ß ß
ß ß ß

ß ß

Fuß

Füße

weiß

groß

Spaß

draußen

Schreibe in dein Heft:

Am Strand

Lea und Tobi laufen
über den weißen
Strand.

Das macht großen
Spaß, denn der Sand
ist ganz heiß.
Weit draußen am Meer
kühlen sie sich
die Füße ab.

Qu qu Qu

x X x X

y Y y Y

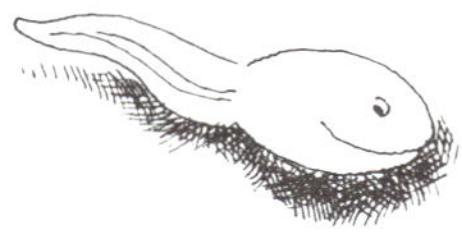

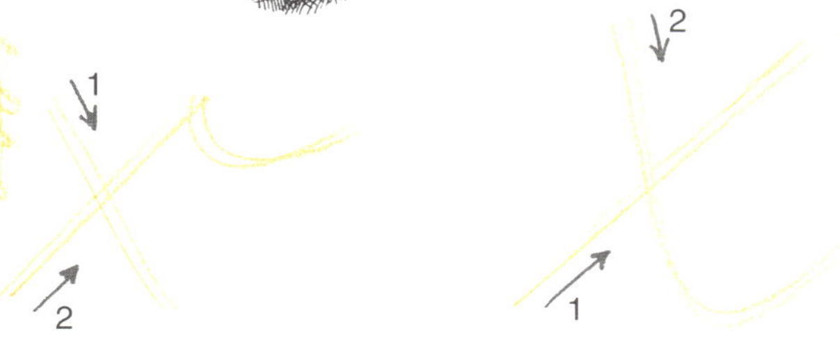

qu qu qu

Qu Qu

x x x x

X X X

y y y y

Y Y Y

quaken

Kaulquappe

Quatsch

Hexe

X-Beine

Pony

Yvonne

JEUX DE LETTRES

Observe le nom en lettres majuscules de chaque image. Puis relie chacun au même nom écrit en lettres attachées.

VALISE

CARAVANE

CAMION

VOLANT

volant valise camion caravane

Écris ton prénom. Puis entoure dans l'alphabet les lettres qui composent ton prénom !

a b c d e f g h i j k l m n

o p q r s t u v w x y z

l

loupe

m

marteau

n

nuit

o

orage

p

pompier

q

quilles

r

roue

s

sapin

t

tournevis

u

usine

v

voiture

w

wagon

x

xylophone

y

yeux

z

zigzag

MON

ALPHABET

a

avion

b

bus

c

camion

d

dominos

e

étoile

f

feu

g

guirlande

h

hélicoptère

i

image

j

journal

k

kilomètre

JEUX DE LETTRES

Parmi les lettres proposées, entoure celles que l'on doit utiliser pour écrire le nom de chaque image. Aide-toi des modèles.

voiture

o e i
a n c t
w
v u r

micro

i
l m n
o
r s
c

tracteur

a o e
t i
r t
v c
u r

Suis les pointillés pour apprendre à tracer la lettre z.

Repasse sur les pointillés en partant du point pour tracer ces lettres z.

Repasse sur les pointillés pour compléter ces mots.

zéro

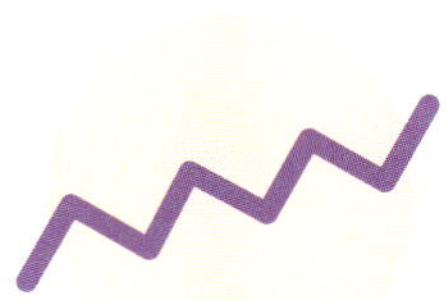

zigzag

Lizzie

Cruz

Suis les pointillés pour apprendre à tracer la lettre y.

y y y

Repasse sur les pointillés en partant du point pour tracer ces lettres y.

y y y y y y y

y y

Repasse sur les pointillés pour compléter ces mots.

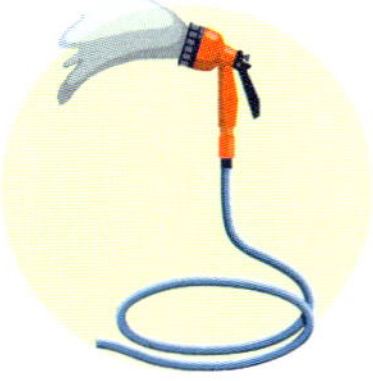 tuyau

 yeux

 Sally

 gyrophare

Suis les pointillés pour apprendre à tracer la lettre x.

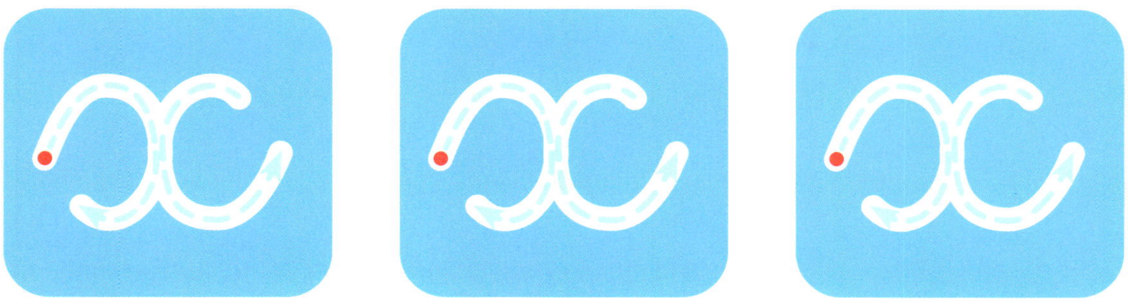

Repasse sur les pointillés en partant du point pour tracer ces lettres x.

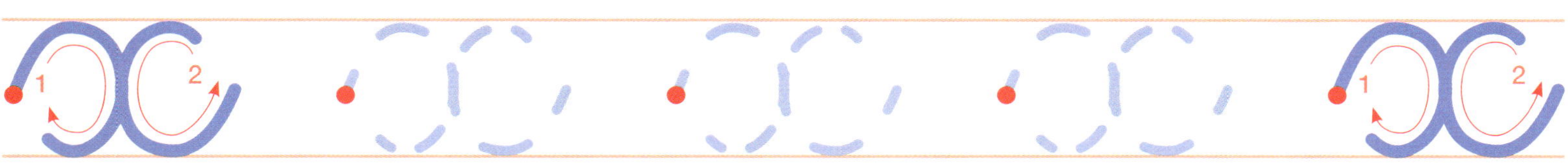

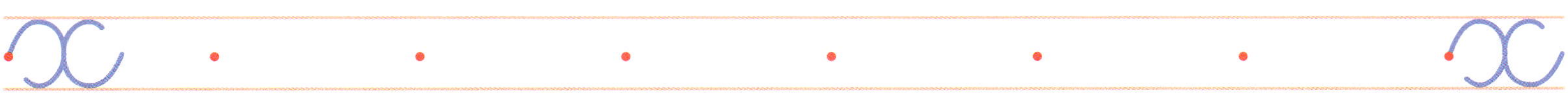

Repasse sur les pointillés pour compléter ces mots.

 xylophone

 extincteur

 saxophone

 taxi

Suis les pointillés pour apprendre à tracer la lettre w.

Repasse sur les pointillés en partant du point pour tracer ces lettres w.

Repasse sur les pointillés pour compléter ces mots.

 wagon

 wapiti

 kiwi

 sandwich

Suis les pointillés pour apprendre à tracer la lettre v.

Repasse sur les pointillés en partant du point pour tracer ces lettres v.

Repasse sur les pointillés pour compléter ces mots.

Les voitures roulent vite vers la ligne d'arrivée.

Suis les pointillés pour apprendre à tracer la lettre u.

u u u

Repasse sur les pointillés en partant du point pour tracer ces lettres u.

u u u u u

u u

Repasse sur les pointillés pour compléter ces mots.

lumière

voiture

nuage

nuit

Suis les pointillés pour apprendre à tracer la lettre t.

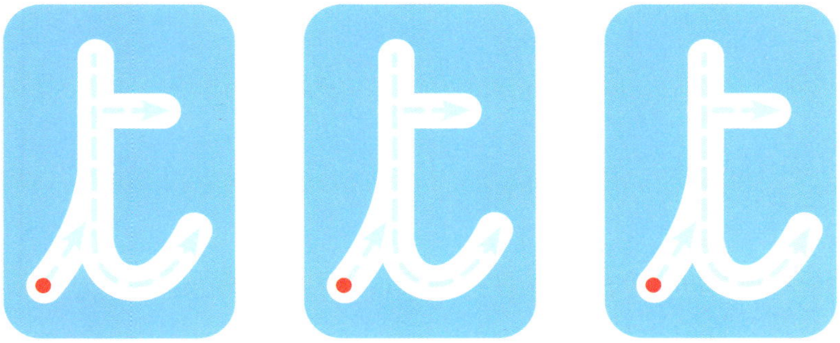

Repasse sur les pointillés en partant du point pour tracer ces lettres t.

Repasse sur les pointillés pour compléter ces mots.

table

cactus

tapis

marteau

Suis les pointillés pour apprendre à tracer la lettre s.

Repasse sur les pointillés en partant du point pour tracer ces lettres s.

1 2 1 2

Repasse sur les pointillés pour compléter ces mots.

 vitesse

 sapin

 soleil

 course

Suis les pointillés pour apprendre à tracer la lettre r.

Repasse sur les pointillés en partant du point pour tracer ces lettres r.

Repasse sur les pointillés pour compléter ces mots.

La voiture rouge dérape dans le virage !

Suis les pointillés pour apprendre à tracer la lettre q.

Repasse sur les pointillés en partant du point pour tracer ces lettres q.

Repasse sur les pointillés pour compléter ces mots.

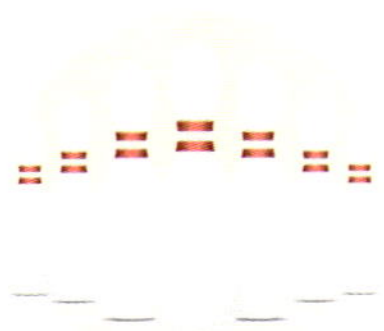
uilles

cas ue

éti uette

cin

Suis les pointillés pour apprendre à tracer la lettre p.

Repasse sur les pointillés en partant du point pour tracer ces lettres p.

Repasse sur les pointillés pour compléter ces mots.

capot

pneus

panneau

Suis les pointillés pour apprendre à tracer la lettre o.

Repasse sur les pointillés en partant du point pour tracer ces lettres o.

1 2

1 2

Repasse sur les pointillés pour compléter ces mots.

p teau

cap t

Guid

Fl

Suis les pointillés pour apprendre à tracer la lettre n.

Repasse sur les pointillés en partant du point pour tracer ces lettres n.

Repasse sur les pointillés pour compléter ces mots.

nuage

panneau

neige

Ramone

Suis les pointillés pour apprendre à tracer la lettre m.

Repasse sur les pointillés en partant du point pour tracer ces lettres m.

Repasse sur les pointillés pour compléter ces mots.

Luigi et Guido
sont les meilleurs
amis du monde !

Suis les pointillés pour apprendre à tracer la lettre l.

l l l

Repasse sur les pointillés en partant du point pour tracer ces lettres l.

l l l l l l l

l l

Repasse sur les pointillés pour compléter ces mots.

lampe

ampoule

loupe

Sally

Suis les pointillés pour apprendre à tracer la lettre k.

Repasse sur les pointillés en partant du point pour tracer ces lettres k.

Repasse sur les pointillés pour compléter ces mots.

 kilomètre

 Chick

 Jackson

 Mack

Suis les pointillés pour apprendre à tracer la lettre j.

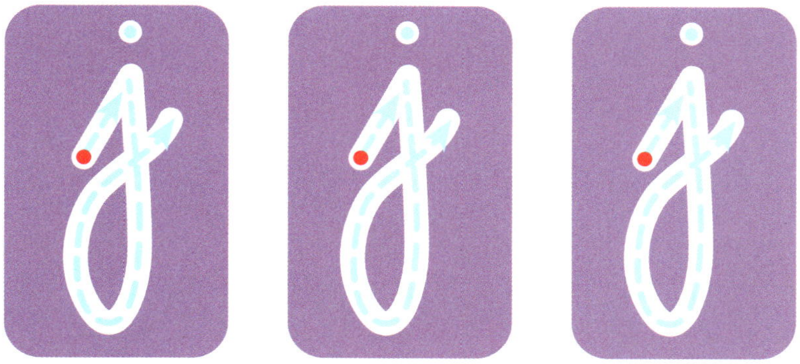

Repasse sur les pointillés en partant du point pour tracer ces lettres j.

j j j j j j j j

j j

Repasse sur les pointillés pour compléter ces mots.

jumelles

journal

jet d'eau

jaune

Suis les pointillés pour apprendre à tracer la lettre i.

Repasse sur les pointillés en partant du point pour tracer ces lettres i.

Repasse sur les pointillés pour compléter ces mots.

Guido

sourire

ciel

Fillmore

Suis les pointillés pour apprendre à tracer la lettre h.

Repasse sur les pointillés en partant du point pour tracer ces lettres h.

1 2 3 h h h h h h 1 2 3 h

h h

Repasse sur les pointillés pour compléter ces mots.

huile

herbe

horloge

hélicoptère

Suis les pointillés pour apprendre à tracer la lettre g.

g g g

Repasse sur les pointillés en partant du point pour tracer ces lettres g.

Repasse sur les pointillés pour compléter ces mots.

Des guirlandes éclairent le garage.

Suis les pointillés pour apprendre à tracer la lettre f.

Repasse sur les pointillés en partant du point pour tracer ces lettres f.

Repasse sur les pointillés pour compléter ces mots.

feu

Shérif

feuille

fenêtre

Suis les pointillés pour apprendre à tracer la lettre e.

Repasse sur les pointillés en partant du point pour tracer ces lettres e.

Repasse sur les pointillés pour compléter ces mots.

clé

trophée

dés

télévision

Suis les pointillés pour apprendre à tracer la lettre d.

Repasse sur les pointillés en partant du point pour tracer ces lettres d.

d d d d d d

d d

Repasse sur les pointillés pour compléter ces mots.

lampadaire

guirlande

Guido

Suis les pointillés pour apprendre à tracer la lettre c.

Repasse sur les pointillés en partant du point pour tracer ces lettres c.

Repasse sur les pointillés pour compléter ces mots.

Doc

pare-choc

capot

corde

Suis les pointillés pour apprendre à tracer la lettre b.

Repasse sur les pointillés en partant du point pour tracer ces lettres b.

Repasse sur les pointillés pour compléter ces mots.

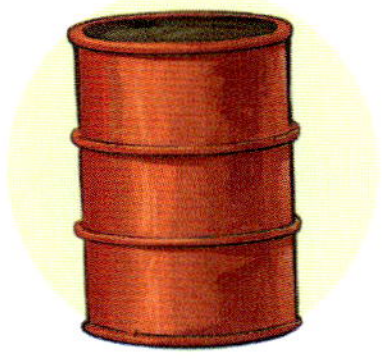 bidon

 ballons

 cube

 bougie

Suis les pointillés pour apprendre à tracer la lettre a.

Repasse sur les pointillés en partant du point pour tracer ces lettres a.

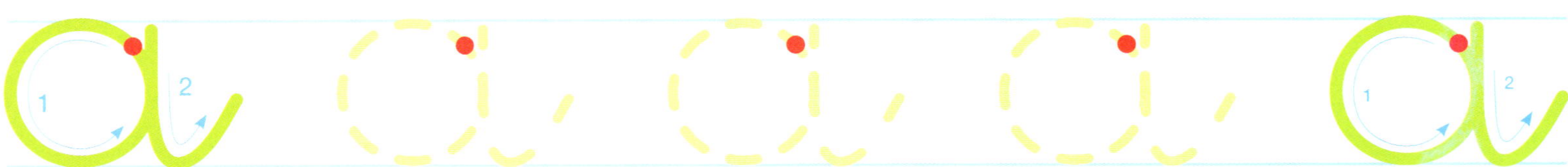

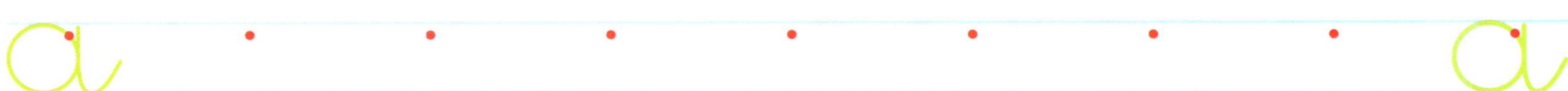

Repasse sur les pointillés pour compléter ces mots.

avion

Mack

arbre

cactus

CONSEILS POUR BIEN TENIR SON FEUTRE

Tu peux utiliser n'importe quel feutre effaçable pour écrire dans ton cahier.
Effacе ensuite avec une petite éponge ou un chiffon légèrement humide et entraîne-toi plusieurs fois.

1 Place ton feutre entre le pouce et l'index.

2 Laisse reposer ton feutre sur le doigt du milieu. Ne serre pas trop fort le feutre.

3 Tiens le feutre proche de la mine, mais pas trop près non plus !

Deux modèles de lettres sont proposés dans la page, l'un à gauche, l'autre à droite.
Si tu es droitier, tu suivras le modèle placé à gauche de la page ;
si tu es gaucher, tu regarderas le modèle à droite de la page.

Attention, il faut toujours écrire de la gauche vers la droite !

Les droitiers

Les gauchers

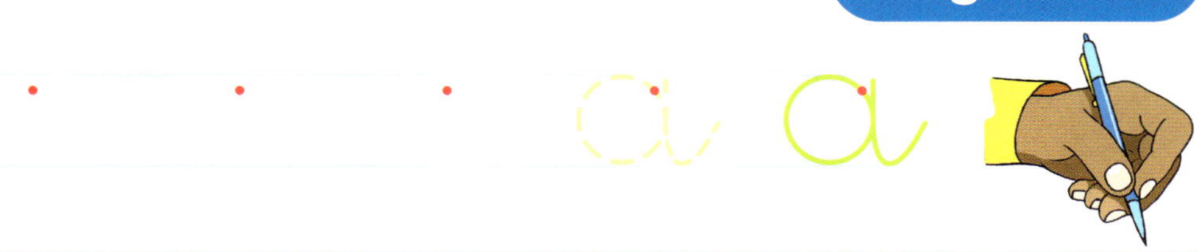

ISBN : 978-2-01-726686-0

58, rue Jean Bleuzen, CS 70007,
92178 Vanves Cedex

www.parascolaire.hachette-education.com

Couverture : Stéphanie Benoit
Maquette intérieure
Conception graphique : Astrid Payet et Audrey Izern
Réalisation : Audrey Izern
Édition : Emmanuelle Saint
Police SG STYLO Two © 4 HEURES

Images hors licence Disney : © Shutterstock

Achevé d'imprimer en juin 2024 en Roumanie par Rotolito - Dépôt légal : juillet 2024 - Édition 01

Disney · PIXAR

Cars

4-6 ans
Maternelle
MS-GS

Mon cahier effaçable

J'écris les lettres minuscules

hachette
ÉDUCATION